그래도 괜찮아

시학 Poetics

그래도 괜찮아

1판 1쇄 펴낸날 2021년 7월 30일

지은이 정수연

펴낸곳 시와시학 도서출판
펴낸이 엄세천
편집 박혜영 심연우

주소 서울특별시 동대문구 망우로21길 45 2층 202호
전화 02-744-0110
전자우편 sihaksa1991@naver.com

출판등록 2016년 1월 18일
등록번호 제2021-000008호

ISBN 979-11-91848-01-4 (03810)
값 10,000원

* 저자와의 협의에 의해 인지를 생략합니다.
* 잘못된 책은 바꾸어 드립니다.

정수연 시집

그래도 괜찮아

시학
Poetics

■ 시인의 말

강원도로 들어와 초록에 기대어 살면서
자연 속에서 얻은 작은 시편들을
혼자 두고 보다가 용기를 내어
햇볕에 내 놓습니다.

이 시편들이 햇볕 아래서도 낯설어 하지 않길
바라는 마음입니다.

2021년 6월
오대산 아랫마을에서

차례

시인의 말 _ 005

제1부

숨어 오는 봄 _ 011
돌림노래 _ 012
저수지 _ 013
감나무 _ 014
밀당 _ 015
항아리 _ 016
9월 _ 017
병아리 _ 018
동작동 현충원 _ 019
여름 _ 020
메꽃 _ 021
산구완 _ 022
내 안의 아이에게 _ 023
수족관 앞에서 _ 024
훈장 _ 026
빈 집 _ 027
앨버트로스 _ 028
회혼 _ 029
침팬지 마마 _ 030
고마리 _ 031
군주 _ 032
작은 공화국 _ 034
모과 _ 035

제2부

애기똥풀 _ 039
콘서트 _ 040
입동 _ 041
2월의 눈 _ 042
앵콜 _ 043
민들레 _ 044
달개비 꽃 _ 045
요가 수업 _ 046
혈액검사 _ 048
세밀화 _ 049
마중 _ 050
비 _ 052
아버지 _ 053
그리움 또는 원망 _ 055
가족 _ 056
사과 _ 057
당짝 _ 058
화요일 _ 059
엉뚱한 생각 _ 060
행운 _ 061
가리왕산 _ 062
다시 신부 _ 063
노부부 _ 064
폐가 _ 065

제3부

가을 아침에 _ 069
대관령 국민 숲 _ 070
쉬잇! _ 071
단풍 _ 072
상수치도 _ 073
안반데기에서 _ 074
대박 _ 075
은행나무가 있는 풍경 _ 076
백조의 호수 _ 077
별밭 _ 079
철없는 꽃 _ 080
청춘 _ 081
베릿내 _ 082
아들나무 _ 083
공천탕 _ 084
장생이 숲에서 _ 085
이승이 오름에서 _ 086
숲에 가면 _ 087
봄 눈 _ 088
폭설 _ 089
겨울 오름 _ 090
사진가 김영갑 _ 091
배웅 _ 093

해설 | 유자효 _ 097

제1부

숨어 오는 봄

산골 개울물 얼음장 밑에서
돌돌 흐르는 물소리에

버들개지 솜털에

눈 속에서도 도톰해지는 철쭉꽃 눈에

부풀어오는 목련꽃 봉오리에

수양버들 가지 연둣빛 안갯속에

립스틱을 준비하는 명자나무 가지에

한결 보드라와진 바람 끝에

숨어 있는 거 보여요

봄

돌림노래

파르스름한
현호색 피었다
떠난 자리

개별꽃 들어와
별 깔아놓고
꽃잎마다 점점으로
불 밝히다 떠나고

지금은
동자꽃 피어
길 떠난 스님 기다리고 있다

저수지

물은
단풍든 산을 품고
낯을 붉히고

산은
저 품은 물을 보고
낯을 붉히네

바람이
지나다 보고
눈을 감아주네

감나무

한 여름 아파트 정원
뭉텅 잘린 감나무 한 그루
죽은 듯 기척이 없더니
어느 날
그루터기 한쪽 끝에 가는 줄기 세우고
동그란 잎 깃발처럼 흔든다

감나무는
사춘기 소년 같은 떫은 감도 익혀보고
파란 하늘 점점이 빨간 열매도 그려보고
눈 쌓인 가지 끝에
새빨간 홍시도 매달아 보고
배고픈 까치에게
다디 단 한 끼 밥상 차려주고 싶어
가는 가지 힘껏 밀어 올린다

잠자리 한 마리 조문 왔다가
고개를 끄덕이며 듣고 있다

밀당

자작나무 초록 잎
햇빛 아래서 어서 나오라 손짓한다
반짝반짝 재촉한다

'아무리 그래봐라 내가 나가나'

한 번은 버텨보리 다짐해놓고도
초록과의 밀당에선
백전백패

초록에 세 들어 살면서
밀당은 무슨

항아리

오래된 어른 돌아가셨다
장독대 볕바른 자리에 앉아
삼대를 이어 장을 품고 그 맛 지켜오던 어른
잘 늙는 일이 나누어주는 일이라는 듯
아들, 딸, 시집 간 손녀의 사돈댁까지
아낌없이 퍼주더니
근동에 그 집 장맛 안본 사람 없다는데
어느 날 정신 줄 놓고 품은 장 흘린다더니
항아리를 버리고 다시 흙으로 돌아가고 있다

마당 한켠 개망초 하얀 꽃이 흔들리고
그 위로 나풀나풀
흰나비 날아간다
다 퍼주고 가벼워진 몸
돌아가는 길이 꽃길이다

9월

볕 바른 언덕
마른 엉겅퀴 대궁 위
볕 바라기 하는 잠자리 한 마리
뒤에서 다가가 날개를 잡으니 움찔 놀란다
나도 움찔 놀라 얼른 놓아주니
파란 하늘로 휘 -익 날아간다
날아가다 어딘가에 앉아서
놀란 가슴 쓸어내리겠지
콩닥콩닥 뛰겠지
휴우

병아리

누가 버렸는지
눈 뜬지 한 달 남짓
병아리 한 마리
어둠이 내려앉는 아파트 정원을
헤집고 다닌다
곧 깜깜한 밤이 올텐데
길고양이가 번득이는 눈으로 노려 볼텐데
아무 것도 모르는 채
먹이를 찾아 쪼아 먹는다

아가, 집으로 가자
어두워지면 무서운 길고양이가 다닌단다

손 안에 전해오는 따스한 체온
삐비비비 삐비비

동작동 현충원

봄비 속을
우산도 없이
목련이 찾아왔다
진달래가 찾아왔다
수양벚꽃이 찾아왔다

영령들 앞에서
뚝뚝 눈물을 떨어뜨린다

여름

쏴아 철썩
광화문을 지나는 시내버스 안에서
파도소리가 들린다

옆 자리 여인의 발톱위로 바다가 찾아왔다
열 개의 발가락위로
쪽빛 바다가 출렁이고
파도가 하얗게 밀려왔다 빠져 나가고
작은 게 한 마리 들물에 놀라 바위 뒤쪽으로 재빠르게 넘어가고
물길 놓친 치어 한 마리 고인 물에서 파닥거린다

경복궁역에서 내리는 여인
바다도 함께 내렸다

메꽃

하늘공원 물길
바다을 드러낸 자갈돌 위
메꽃 여윈 덩굴
강아지풀 마른 줄기를 붙잡고
분홍색 작은 꽃을 피웠다

혼자는 설 수 없어
기대일 무엇을 찾아
발돋움은 얼마나 했을까

저 여린 손
뙤약볕 아래서
헛손질은 또 얼마나 했을까

무심한 듯 피어있는 저 꽃

장하다

산구완

에어컨 실외기 옆에 둥지를 튼 비둘기 부부
암컷은 알을 품고 수컷은 먹이 나르느라
둥지 문턱이 닳도록 들락날락

조류독감 뉴스에
물바가지 들고 빗자루 들이대는데
털도 채 마르지도 않은 새끼들 고개를 쳐들고
먹이 달라 목젖이 보이도록 입을 크게 벌린다

낮에 백일 된 딸을 데리고 아들 내외가
다녀가고

차가운 새벽녘
새끼가 열이라도 나는지 비둘기 부부 밤새 꾸룩꾸룩
날이 새자 베란다에
물과 곡식을 넉넉히 넣어주었다

내 안의 아이에게

아가
괜찮아

애 쓰지 마
너무 잘하지 않아도 돼

하고 싶으면 하고
싫으면 하지 마

무서운 건 없어
안 되는 것도 없어

웃고 싶으면 웃고
울고 싶으면 울어

그래도 괜찮아
내 안의 아이야

수족관 앞에서

체리새우 다섯 마리
작은 집을 떠나 구피가 사는 큰 집으로 옮긴 날

경계심 많은 새우
바닥에 납작 엎드리더니
재빠르게 물풀 속으로 몸을 숨겼다
그 중 한 녀석 새 집 둘러보기를 시작한다

우선 가장자리부터 한 바퀴 도는데
구피 한 마리 다가와 정면에 맞선다
새우는 공격만이 최선의 방어라는 듯
윗몸을 꼿꼿하게 세우고 한 발짝도 물러서지 않고 맞선다
구피 슬그머니 몸을 틀어 지나가 버린다

바닥은 새우의 영역
윗 쪽은 구피의 영역
그리고 나

종이 다르고 사는 방식도 다른
우리들의 동거

훈장

스무 살엔
이십대밖에 몰랐다
서른은 되기 싫었고
마흔, 쉰은 남의 일로 알았다

마흔, 쉰을 넘어 예순에도
햇살은 따사롭고 바람도 감미롭다
지난날은 젊음 하나로 빛이었지만
지금은 무엇과도 바꾸고 싶지 않은 편안함이 있다

별도 보이지 않던 깜깜한 길
다시 가라면 못 갈, 알고는 못 갈 그 길을
지금까지 걸어온 자신에게 주는 훈장으로
내일은 가슴에
반짝이는 브로치 하나 달아야겠다

빈 집

열린 대문 사이로
바람이 드나들며 풀씨 떨궈놓고
비구름 지나다 물 뿌려주니
집 안 가득 무성한 풀

감나무에 까치
마루 밑에 다람쥐
밤이면 내려와서 등불 켜는 달
주인 없는 집에 주인도 많다

아무도 살지 않는 집
바람만 드나드는 집

내 마음속
빈 집

앨버트로스

북태평양 미드웨이
앨버트로스 어미

갓 깨어난 새끼에게
연신 먹이를 물어다 준다

그러나
배가 볼록한 채
힘없이 울부짖으며
한 번 날아보지도 못하고
죽어 가는 새끼

어미가 열심히 물어다 먹인 건
작은 플라스틱들

회혼

볕 밝은 산자락
소박한 꽃 대궐 만들어
친구처럼 오누이처럼
여든이 지난 부부

이팝꽃 한 무더기 머리에 얹고
이른 아침 집을 나서
도서관 시 읽기 반에 오셨다

혼인한 지 육십년
오늘이 회혼이라며
살짝 웃으시는
새 신랑 새 신부

침팬지 마마

네덜란드 동물원의
59세 침팬지 마마
웅크리고 누워 사육사가 주는
물도 음식도 거부하고 눈도 뜨지 않는다
그 소식을 듣고 한 걸음에 달려온 얀 반 후프 교수

마마는
44년 동안 보살펴 준 그를 보더니
입술을 뒤집어 소리 내어 웃고
얼굴을 만지고 또 만지고
이마의 머리칼을 쓸어 올려주고
긴 팔로 목을 꼭 끌어안고 뒷머리를 토닥토닥
고마웠다고
이젠 됐다고

그렇게 긴 작별 인사를 하고
마마는 다음 날 떠났다

고마리

물가에 피는 풀꽃
고 작은 꽃 안에도
있을 건 다 있다
수술, 암술, 꽃받침, 꽃가루
꿀샘에 꿀까지

꼬마 아가씨
오늘은 세수하고
분홍색 립스틱까지 바르고
잇속을 드러내며 환히 웃는다
벌 나비 찾아 왔다가
심쿵!

다가가서 보면 더 예쁜
작은 꽃 고마리

군주

흙이 마르지 않았는지
이른 아침 베란다 화초들

촘촘하게 나온 나팔꽃 모종부터 솎아주고
접란이 꽃대를 잘못 벋어 다른 화초를 누르지는 않았는지
야자나무 고무나무 부겐베리아의 기분은 어떠하신지
지난 해 여름부터 내내 꽃을 피워내는 제라늄이 지치지는 않았는지
최근에 멀리서 데려온 야생화는 적응을 잘 하는지

물 확 속에서 잎이 노릇해지는 워터코인의 안색을 살피고 달팽이가 편안하도록 실이끼도 걷어주고
요즘 부쩍 수척해진 상추에게 다가가 괜찮으냐고 안부를 물어 본다

꽃을 피우는 화초들에게는 물을 주고
햇빛을 고루 받도록 화분 위치를 조금씩 바꿔주고

바닥에 물을 뿌려 씻어 주고
허리를 펴서 둘러본다

생명, 그 자체로 소중한
나의 백성들

작은 공화국

  동네 뒷산아래 포장마차
  공터엔 골마다 상추 부추 쪽파가 자라고
  닭장 안엔 시도 때도 없이 우는 장닭과
  알 낳고 꼬꼬댁거리는 암탉, 참새와 배부른 복슬강아지가 어울리고
  오골계는 채마밭으로 내려와 제가 짓는 농사인양 상추를 뜯어 먹고
  토종닭 몇 마리 제법 떨어진 숲으로 가서 땅을 헤집어가며 콕콕거린다

  동네 뒷산 공터
  작지만 넉넉한 공화국의 통치자는 포장마차 노부부
  그 나라 백성은 자유롭고 편안하다

모과

못 생긴 것이
시고도 떫은 것이
바구니째 준다 해도
돌아보지도 않았건만

뜨거운 여름 지나
가을볕에 노랗게 익어 과일전에 나앉으니
풍기는 향기로 손길을 끌어
퀴퀴한 어느 곳의 향이 되기도
한잔의 향긋한 차가 되기도

모과처럼 향긋한
한 편의 시를 꿈꾸며

제2부

애기똥풀

섣달 초순
담장 아래
발가벗고 피어난 애기똥풀 꽃

아무것도 모르는 애기라지만
아무리 한뎃잠이 일상이라지만
어쩌다 이 겨울 철없이 피어
추위에 저렇게 떨고 있을까
쪼그리고 앉아
두 손을 오무려 감싸 주었더니
오소소 떨다가 배시시 웃는 듯

겨울 아침
노란 애기똥풀 꽃

콘서트

기상청 예보
오늘 밤 중북부 지방 호우주의보 발령

저녁 8시
용산 전쟁기념관 야외 평화광장
공연을 시작하기도 전 거세게 쏟아지는 빗줄기
따르르르르 우산 위에서 콩 까부르는 소리
거친 빗줄기에도 객석은 잠잠하고
무대에 불이 들어오자 우산은 일순간 사라지고
무대는 살아 움직이기 시작한다
심장을 두드리는 드럼, 환상적인 조명, 비보이의 춤사위
가수의 열창 열광하는 관중들
가수도 젖고 관객도 젖고
조명아래 드러난 거센 빗줄기는 그저 장식이었을 뿐
그 밤 뜨거운 무대 열기를 식힐 수는 없었다

한여름 밤
뜨거운 빗속의 콘서트

입동

햇볕 따스한 날
혼자 알에서 깨어 애벌레 되었다가
무성한 여름 지나 번데기 되었다가
이제 나방 되어
쌓인 낙엽 위에서
별 떨기 반짝이듯 바쁜 날갯짓

추워지기 전
대를 이으려는 다급한 몸짓

봄 오면
햇볕 따스한 날
혼자 알에서 깨어나겠지

2월의 눈

미리 알았으면
버선발로 나가서 맞았을 텐데

다녀가셨군요
기다리는 마음 아시고
2월의 마지막 날 하루 앞두고
잠깐 꿈처럼 오시어
보이는 것 모두 하얗게 덮어놓고
하얀 눈꽃을 세상 가득 피워놓고
총총 황망히 떠나셨군요

오실 줄 알았어요
메마른 가지도 마른 풀잎도
내 마음도 포근히
감싸주신 당신

앵콜

자정이 지난 시간
잠에서 깨었다
창밖에는 연주회가 한창

옥잠화 이파리 능소화 꽃잎에 떨어지는 빗소리
웅덩이에 동그라미 그리는 소리
흙바닥에 부딪는 소리
담벼락을 때리는 강하고 짧은 소리
포르테 포르테 포르티시모

객석에는 어둠이 둘러앉아
긴 시간 자리를 뜨지 않고 빗소리를 듣는다
흐릿하게 아침은 밝아오는데
밤을 새운 연주회는 아직도 계속된다

민들레

살랑바람에
공중을 나는 씨앗

비우면 가벼운 것을
저렇게 나는 것을

달개비 꽃

파란 하늘 아래

하늘색 꽃잎 두 장
꽃잎 속에 노란 별
하늘이 키운 하늘을 닮은 꽃

꽃 속에서
코끼리 한 마리 자고 일어나
이슬에 세수하고
닦지도 않았구나
상아 끝에 반짝이는 물방울

요가 수업

창밖에는 후루루 단풍잎이 흩날립니다
산골마을 경로당
일주일에 한번 요가 시간
경로당 앞에는 유모차가 줄을 서 있습니다

"박정례 어머니, 김순덕 어머니"
"그 집 오늘 김장해요"
"신끝남 어머니"
"아까 왔는데 모르고 갔어요"

"자 두 팔을 위로 천천히 올리세요"
"아구구 어깨가 아파서 안 올라가요"
"무리하지 말고 올라가는 만큼만 올리셔도 운동이 돼요"
"편안하게 누워서 두 무릎을 세우고 팔로 깍지를 끼세요"
"아이구구 무릎 수술해서 안돼요"

아프다 못한다 안된다 하면서도

열심히 따라하는 학생들
어설픈 동작 서로 쳐다보며 깔깔대는 웃음소리가
경로당 안에 가득합니다

혈액검사

대학병원
혈액 채취실
흰머리에 구부정한 노부부
할머니의 혈액 채취가 잘 안되자
쉬었다 다시 시도를 한다

지켜보던 할아버지
"에휴"
"저런"
"하아 참"
"에이, 쯧쯧"

앉았다 섰다
다가가서 보다가 돌아서다가 안절부절
어찌할 줄 몰라 한다
입에 침이 마른다

애가 타는 사랑

세밀화

하얀 눈밭에 묻혀
마른 이삭 하나만 보이는 강아지풀

강아지 꼬리 보송한 털 위에
소복하게 쌓인 눈
그 위로 햇볕 내려 따스해 보인다

눈 이불 햇볕 이불 끌어다 덮고
무슨 꿈꾸고 있나
강아지풀

어릴 적
볕드는 마루에서
햇볕이랑 둘이 나랑나랑 놀던
외로웁고도 따스했던
먼 기억

마중

추석 달이 유난히도 밝다

여섯 살쯤이었을까
그날도 달이 유난히 밝았지
외할머니 등에 업혀
달 밝은 신작로를 올라갔다 내려왔다가
이른 아침 떡 함지박이고 장에 간 엄마
하마나 올까

외할머니 등에 귀를 대면 쿵쿵
먼 방앗간에서 방아 찧는 소리
방아 찧는 소리 자장가가 되어 갈 때쯤
멀리서 함지박을 이고
시든 파단처럼 축 처져서 달빛 속을 걸어오던 어머니

외할머니 발소리가 빨라지고
'아이고 힘들 제'

달빛이 유난히 밝아서 더 슬펐던
유년의 신작로

비

유리창을 두드린다
빗금을 긋는다
그은 위에 또 긋는다

비 오는 날
발자욱 거두고
먼 길 떠나신 엄마
하늘나라 가실 때
비 맞았을까

아버지

초명은 우용
자는 상진

당신은
사랑에 가마솥을 걸게 하시고
배고픈 사람들에게 한 끼라도 든든히 먹으라고
날마다 더운 밥을 대접해 드렸다고
집안 어른들께 들었습니다

먼 곳의 배고픈 사람들을 위해서는
아침 일찍 주먹밥을 만들어
머슴들에게 지워서 집현면 정촌면으로 보냈다고
네이버가 알려 주었습니다

알고 계신가요
아버지 가난으로 어릴 적부터 늘 힘이 없었던
지상의 막내딸을

아버지란 글자 앞에선

지금도 눈시울이 뜨거워지는
막내딸을

그리움 또는 원망

산등성이 오르며
가쁜 숨 몰아쉬다
바위에 살며시 기대앉는다
편안하다
든든하다

울타리가 없어 바람만 드나들던 집
지붕 위에 박꽃도 서럽던 집
그리움이 원망으로
원망이 그리움으로

한 번도 불러 본적 없는 이름
단 한번이라도 불러보고 싶은 이름
불러 보면 지금도 젖어오는 이름

아버지

가족

오대산 아래 나의 단칸방
아들, 며느리, 손녀가 왔다

손녀는
새로 익힌 춤을 보여주다가
애비와 합체하여 로봇이 되었다가
매니큐어 샵을 내고
무료 쿠폰을 나누어 주어
손톱 발톱에 매니큐어를 발라주다가
밤이 되자
아들네 세 식구
바닥에서 잠이 들었다

잠은 저만치 물러나고
세 식구 잠든 모습
쌔근쌔근 숨소리에
얼음장 같은 외로움 하나
녹아 내렸다

사과

며느리는 안방으로
아들은 컴퓨터방으로

조용해진 집
여섯 살짜리 손녀가 아들에게 와서
"아빠가 사과해"
"뭐라고 사과하지?"
"'미안해, 변명의 여지가 없어'라고 해, 그러면 돼"

아들은 손녀 손에 잡혀 안방으로 가서
"미안해, 변명의 여지가 없어"

아들과 며느리
서로 쳐다보고 피식 웃었다

* 손녀가 즐겨보는 애니메이션 〈모아나〉에 나오는 대사

당짝

"함머니 우리 당짝이지"
의자 위로 올라가 선반 위 반지통을 내려
딸기반지 두 개를 꺼내 제 손에 끼고 내 손에도 끼워주고
분홍색 머리띠도 제 머리에 쓰고 내 머리에도 씌워주고
"당짝은 같이 하는 거야"

이런 영광이!
세상 때에 절은 이 할미가
이렇게 깨끗한 아이하고 단짝이라니
수지맞았다

화요일

한 주일에 하루 손녀를 봐주는 날
화요일

그 날은 나도 다섯 살
친구가 되었다가 왕자님이 되었다가
언니도 되었다가 동생이 되었다가
선생님도 되고 동네 아줌마가 되기도 했다가
마지막엔 다시 할머니가 되어
손녀 손잡고 단골 마트로 간다

손녀 덕분에
아이가 되어 놀아 보는 날
돌아서면 다시 기다려지는 날
화요일

엉뚱한 생각

"함머니, 나 나중에 아빠하고 결혼해서 김도윤 낳을 거야"
"으응? 김도윤은 내가 낳았는데?"
"나도 낳을 거야- 아"
"그래, 그럼 그래라"

"내가 함머니도 낳아줄게"
"정마- 알? 히히히히 고마워"

어미가 돌아오니 쪼르르 달려가서
"엄마, 내가 엄마도 낳아줄게"

훗날
손녀가 낳은
에미, 할미가 애기가 되고
손녀가 엄마 되어
얼럴럴럴 까꿍

행운

밤새 내린 이슬이
반듯하게 펼쳐놓은 클로버 잎들

여섯 살 손녀와 쪼그리고 앉아
네 잎 클로버를 찾는다

한 잎은 제 것 한 잎은 할미 것
그리고 남은 또 한 잎

빵을 사러 들어가서
"언니, 이거요"
한 잎 남은 행운을 건넨다
화들짝 웃으며 기뻐하는 빵집 언니
빵집을 나오며
작은 얼굴에 가득한 웃음
"할머니 뿌듯해요"

여섯 살 입에서 나온 말
무슨 뜻인지 알고나 하는 말일까?

가리왕산

하늘이
걱정스레 보고 있다

지난 올림픽 때 알파인 스키장
벌겋게 드러난 맨살

구름이 내려와
살며시 이불을 덮어준다

아프다

다시 신부

숲속 오솔길
거멓게 삭은 커다란 나무 밑둥

가랑잎이 주위에 주단을 깔아주고
초록 이끼 겹겹으로 망토 입히고
노랑 주황 다홍 담쟁이줄기
화관으로 얹으니
신부처럼 곱다

노부부

아름드리 산벚나무
드러난 뿌리가 옆의 소나무 밑둥을 감고 땅속으로 들어갔다
둘은 그렇게 손을 잡고
한 백년 살았으리

어느 날
서로 다른 두 개의 씨앗이 앞서거니 뒤서거니 싹을 틔웠겠지
비오고 천둥치는 캄캄한 밤에
떨며 손을 벋어 꼭 잡았겠지
바람이 숲을 뒤흔들면
끌어 안고 서로를 다독거렸겠지

긴 세월
서로가 곁에 있어 살만 했으리

폐가

볕 바른 길가
사람이 살지 않는
지붕이 내려앉고 마루도 내려앉고 사립문도 없는 집에
고라니가 다녀가셨다

돌담 안쪽
텃밭이 있던 자리와 부엌을 지나 뒷곁까지 돌아 나와서
문짝이 떨어진 안방 앞에 머물러
한참동안을 들여다보았나 보다
하얗게 쌓인 눈 위에
발자국이 어지럽다

마당이 있는 남향집
사철 다른 풍경을 보여줄 동그란 앞산과
집 앞으로 흐르는 개울과
넉넉한 볕이 마음에 드는 집

고라니는 무엇이 그리 맘에 들어 저토록 샅샅이 살펴보았을까
혹 먼저 보고 찜이라도 했는지
내일은 마을 이장을 찾아가 봐야겠다

제3부

가을 아침에

안개가 자욱하니
안개 위의 산이
고래처럼 보인다

단풍으로 장식하고
떠나 온 바다로
돌아가는 고래

대관령 국민 숲

전나무 빽빽한
대관령 숲길
신선한 공기에
산딸기는 덤

아무런 한 일없이
공으로 받는 대접
고맙고 황송해서
어쩔 줄 몰라라

쉬잇!

사월
우포늪에 가서
귀 기울이면

버들잎 몸 부비며 사귀이는 소리
새끼 청둥오리 옹알이 소리
산란기 잉어가 첨버덩
온몸으로 사랑을 고백하는 소리
발자국 소리에 놀란
아기 물닭 숨죽이는 소리

쉬잇!
미안한 마음에
신발을 벗어든다

단풍

멀리서 보면 곱다
화려하다

가까이 가서 보니
상하고 벌레 먹고
성한 잎이 없더라

상수치도

지도 가장자리
바닷길 따라 이백 미터 걸어가면
신안군 비금면 상수치도

물이 들면 섬
물이 나면 뭍

그 섬에
섬 같은 집 한 채
섬 같은 한 남자

섬 같은 남자의
아낙이 되어
나도 섬처럼 살았으면

안반데기에서

물돌아
산돌아
오르고 올라가니
세월도 못 찾고 그냥 지나칠
먼 산이 발아래 보이는
신선이나 삶 직한 구름 위의 땅

하늘과 맞닿은
안반처럼 생긴 널따란 밭에
줄 맞춰 심어진 안개 속 배추들
신선이 심고
은하수가 물을 주는
신선의 농사인 듯

구름 속 안반데기
고랭지 배추밭

대박

진부에서
들길을 걷는데
앞산에서부터
시작되는 무지개

공중에 시가 쓰여지고 있다
순식간에 완성된
일곱 빛깔
시 한 편

하늘이 쓰는 시를
눈앞에서 보다니

은행나무가 있는 풍경

한적한 시골
버스정류장
정류장 위 큰 은행나무
바닥으로 지붕위로
후루루 떨어져 쌓이는 노란 은행잎

황금으로 장식한 버스정류장에서
버스를 기다리는
어느 생에선가
먼 이국의 황족이었을 승객 서넛
황금 이파리로 감싸주는데

버스는
승객을 싣고 떠나고

황금 이파리들
부산하게 버스 뒤를
따라가다 만다

백조의 호수

영국
윈더미어 호수
까만 새벽
잠을 밀쳐놓고 기다리던
초대받지 않은 관객
커튼을 열어놓고 숨을 죽인다

어둠이 걷히며 푸르스름해지자
잠에서 깬 한 마리 백조가 기지개를 켜고
호수도 부스스 잠에서 깨어 잔잔하게 일렁인다
백조는 물위를 미끄러지듯 천천히 가서
친구를 깨운다
둘이서 목을 쭈욱 뽑기도
물속으로 들어가기도
날개를 펴서 활활 털기도
어느새 여기저기서 깨어난 백조들의 군무가 시작되고

희붐한 새벽녘

음악이 없어도 계속되는 발레
차이코프스키 곡 백조의 호수 오리지널 공연

날이 밝아 와도
관객은 숨을 죽인 채
자리를 뜰 줄 몰랐다

별밭

선재길에서 만난
별 모양 꽃들

아기별꽃 꽃마리꽃 풍로초꽃 너도바람꽃
도라지꽃 때죽나무꽃 기린초꽃 물매화

숲이 밤하늘의 별밭을
카피한 것이다

철없는 꽃

바닷가 언덕
흩날리는 눈발
철없이 핀
감국, 민들레, 제비꽃

낮에는
파도소리 듣고
밤에는
별들과 눈 맞춤하는
나도
철없는 꽃이기를

청춘

서귀포 바닷가
호젓한 대숲 길을 지나니
수백 년은 살아왔을 거대한 소나무
뿌리를 뒤집고 드러누워 있다
엉키고 엉킨 뿌리
살아내느라
닥치는 대로 끌어안은 돌덩이들
죽음이 덮쳐오는 순간엔 모두가 속수무책
이 모두를 지켜보았을 바다가 통곡을 한다
수백 살 늙은 소나무의 주검 앞에서
나는 청춘
할 말을 잃고 고개 숙인다

베릿내*

봄볕을 따라 길을 나선다

베릿내를 걷다가
양쪽으로 유채꽃 무우꽃이 흐드러지게 피어 있는
길 가운데서 걸음을 멈춘다
살랑살랑 살랑살랑
흔들리는 꽃

눈 감고 서서
황송한 마음으로 받는 갈채

* 서귀포 중문관광단지 옆으로 흐르는 개천

아들나무

자배오름 아래
노을이 붉은
한적한 도로
아름드리 키 큰 아왜나무
수를 다하고 비스듬히 넘어간다

곁에서 올라온 두 그루 나무
하나는 온 몸을 가운데로 밀어 넣어 받치고
하나는 양 가지로 끌어안아 받치고 있다

말라가는 아비나무
죽은 나무 산 나무가 서로 몸을 붙여
겨울을 난다

한 해가 저문다

공천탕

올레길 5코스
저녁 해 설핏한 공천포구
눈발은 흩날리는데
바다와 맞닿은 용천수 훈김이 피어나는 곳에
갈매기 아낙들
물을 튀기며 소란을 피워가며
하루를 내려놓고 고단을 씻느라
저무는 줄 모른다

흩날리는 눈발 속
저쪽 바위 수 갈매기
의뭉스런 눈길

기우는 저녁 해가 웃고 있다

장생이 숲에서

사람 발길이 닿지 않는 숲속
두어 셋 누울 만 한 유리로 지은 집
위로는 창을 내어 바람이 무시로 다녀가는
거추장스런 옷 따위는 입지 않아도 되는 집
유리벽을 사이로 노루나 다람쥐와 선한 눈을 맞추기도
벽에 기대 앉아 꽃이 피고 지는 모습을 지켜보기도
저녁이면 새들이 나무에 깃들어
종일 있었던 일들 재재거리는 소리를 듣기도
밤이면 하늘의 별을 헤이기도
비 오고 눈 오는 날은
하늘의 아랫도리를 올려다보기도 할 수 있는

언제고 세상 먼지 툭툭 털고
눈 감으면 갈 수 있는
마음 속 집 한 채 지었다

이승이 오름에서

평평한 바위 위
이름을 알 수 없는 여윈 나무 다섯 그루
떨어질세라 바위를 끌어안고
아등바등 몸을 부비며 엉키어 살고 있다

한 발만 내려서면
넓은 자리 기름진 흙
무릉도원인데

숲에 가면

나무가 사람처럼 보인다
쭉 곧아 쓸모 있는 나무
큰 나무 사이에서 자라다가 만 나무
무병장수하신 어르신 나무
굽은 허리 펴다가 또 굽은 나무
온 몸이 상처뿐인 고단한 나무
놀다가라 놀다가라 붙잡는 가시나무

사람 사는 세상이 보인다
나면서부터 넓은 곳에서 호강하는 나무
높은 자리 찾아 위로만 위로만 올라가는 나무
타고난 붙임성으로 다른 나무에 붙어서 사는 나무
커다란 바위가 세상 전부인줄 알고
거기서 엉키어 옹색하게 사는 나무

나를 돌아본다

봄 눈

2021. 5. 2.
눈 소식 듣고 올라간
진고개 정상

파란 하늘아래
하얗게 쌓인 눈

흰 눈을 배경으로
개나리 진달래 벚꽃
자작나무 여린 잎

눈을 굴리는 사람
사진을 찍는 사람

이 모두가
한 풍경에 들어와 있었다

내려와서 생각하니
꿈인 듯 아득하다

폭설

비행기가 끊기고
한라산 1100도로마저 끊긴 날
서귀포 고근산에 올랐다

거대한 눈구름이 다가온다
내가 눈구름 속으로 들어갔는지
눈구름이 나를 덮쳤는지
거대한 사랑 안에서
분화구를 돈다

세상일은 몰라라
이 순간
이대로 영원하기를

겨울 오름

망개덩굴 발목을 잡고
산 찔레가시 옷깃 붙잡고
도깨비바늘
가지 말라 온몸에 달라붙는다

아무도 오지 않는 겨울
너도 쓸쓸했구나

사진가 김영갑

두어 겹 망사로 둘러싼
여인의 체취가 물씬 풍기는
서귀포 구좌읍 용눈이오름

봉긋한 두개의 봉우리와 그 아래 아늑한 분화구
이곳에서라면
바람이 불어도 거센 눈보라가 휘몰아쳐도
세상 걱정 내려놓고 꽃잠에 들 수 있겠다는 생각을 할 때
오름과 사랑에 빠졌던 한 사내가
마르고 뒤틀린 몸으로 서걱대며 다가왔다

사내는
해 뜰 때와 해 질 때, 비 오고 바람 불고 안개 낄 때
시시각각 변해가는 오름을 쓰다듬고 만지며
카메라에 담다가 한 몸이 되었다지

루게릭이 찾아와 억새처럼 마르고 뒤틀려가는 몸으로

스무 해를 오름만 사랑하다가
오름의 품에 영원히 안긴
지금도 오름에 머물러 있을 행복한 사내

배웅

한겨울
한 달하고도 이레를
제주와 연애하듯 살았다

떠나올 때
애정하는 제주는
잘 갔다 다시 오라며
매화를 시켜 웃음을 보여 주었다
가는 길에 새하얀 융단을 깔아 주었다
하얀 외투 입은 돌담들 길가에 나와 서 있었다
말들은 눈 속에 발을 무릎까지 묻고 서서
내가 보이지 않을 때까지 서 있었다

• **해설**

주변의 사소함이 보여주는 기쁨들

유자효(시인)

■ 시집 해설

주변의 사소함이 보여주는 기쁨들
– 정수연의 시세계

유자효(시인)

　세상에는 많은 사람들이 살고 있지만 똑같은 삶은 없습니다. 사람마다 얼굴이 다르고 지문이 다르듯이 모두가 각자의 삶을 살다 갑니다. 좋은 집안에서 태어나 평생 안온한 삶을 사는 사람도 있습니다. 어떤 사람은 초년이 화려하나 말년이 힘듭니다. 평생 고생하다 말년이 화려하게 꽃피는 사람도 있지요. 예술가들 중에는 생전에는 세상에 전혀 알려지지 않았는데, 사후에 그 작품 세계가 조명되는 경우도 있습니다. 어느 인생이 좋은 인생일까요? 저는 그 질문에 대한 답은 없다고 생각합니다. 각자가 자신의 시간을 살아가는 것입니다. 같은 삶의 유형이란 없습니다. 열심히, 최선을 다해 우리는 우리의 시간을 살고 있는 것입니다.

여기 한 여인이 있습니다. 그녀는 예순에 시를 쓰기 시작합니다. 10년을 시를 쓰고 70편의 시를 건져 책으로 묶었습니다. 무엇이 그녀에게 시를 쓰게 했을까요. 이제 그 답을 찾는 여정에 오를까 합니다.

멀리서 보면 곱다
화려하다

가까이서 보니
상하고 벌레 먹고
성한 잎이 없더라

- 「단풍」 전문

그렇습니다. 가을의 만산홍엽(滿山紅葉), 눈부십니다. 단풍이 얼마나 아름다우면 캐나다는 국기에 단풍을 그렸을까요? 그렇게 아름다운 단풍인데, 가까이 간 한 잎 한 잎 자세히 보면 성한 잎이 없습니다. 상하거나 벌레 먹은 잎들입니다. 그런데 그 잎들이 온 산에 가득하고, 멀리서 보면 화려합니다.

정수연이 시를 쓰는 것은 상하고 벌레 먹은 단풍잎 하나하나를 살펴보는 행위입니다. 보다 가까이 보며 그 상처들을 쓰다듬고 어루만져주기 위함입니다. 얼마나 많은 단풍들이 각자의 모습으로 산을 채우고 있을까요? 자세히 보기 위해 그 속으로 들어가 보겠습니다.

>오래된 어른 돌아가셨다
>장독대 볕바른 자리에 앉아
>삼대를 이어 장을 품고 그 맛 지켜오던 어른
>잘 늙는 일이 나누어주는 일이라는 듯
>아들, 딸, 시집 간 손녀의 사돈댁까지
>아낌없이 퍼주더니
>근동에 그 집 장맛 안본 사람 없다는데
>어느 날 정신 줄 놓고 품은 장 흘린다더니
>항아리를 버리고 다시 흙으로 돌아가고 있다
>
>마당 한켠 개망초 하얀 꽃이 흔들리고
>그 위로 나풀나풀
>흰나비 날아간다
>다 퍼주고 가벼워진 몸
>돌아가는 길이 꽃길이다
>
>　　　　　　　　　　　　　－「항아리」전문

이 시의 주인공은 삼대를 이어 장맛을 지켜온 종부(宗婦)인 듯 합니다. 그런데 정성껏 만든 장을 "아들, 딸, 시집 간 손녀의 사돈댁까지/아낌없이 퍼주"었다고 합니다. "근동에 그 집 장맛 안본 사람 없다는"군요. 그분의 생애는 장을 지키고, 장을 만들어 "잘 늙는 일이 나누어주는 일"이라는 듯 '아낌없이 퍼'준 시간의 집적(集積)입니다. 시인은 "다 퍼주고 가벼워진 몸/돌아가는 길이 꽃길"이라고 합니다. 그것을 할머니 "항아리 버리고 다시 흙으로 돌아가"는 날, "마당 한켠 개망초 하얀 꽃" 위로 '나풀나풀' 날아가는 '흰나비'로 그렸습니다. 참으로 잘 산 생애입니다. "돌아가는 길이 꽃길", 눈물겹습니다. 그것을 보아낸 시인의 눈이 섬세합니다.

아가
괜찮아

애 쓰지 마
너무 잘하지 않아도 돼

하고 싶으면 하고
싫으면 하지 마

무서운 건 없어
안 되는 것도 없어

웃고 싶으면 웃고
울고 싶으며 울어

그래도 괜찮아

내 안의 아이야

　　　　 –「내 안의 아이에게」 전문

  누구나 자신의 내부에 아이가 있습니다. 그것은 유년의 나일 것입니다. 그 아이는 잘 울고, 잘 웃고, 무서워합니다. 하기 싫은 일도 해야 하고 또 잘하려고 하니 힘이 듭니다. 노년이 된 시인은 내 안의 아이를 다독거립니다. "괜찮아//애쓰지 마/너무 잘하지 않아도 돼". 지나고 보니 진정한 삶이란 나에게 충실한 것이었습니다. "하고 싶으면 하고/싫으면" 안 해도 되는 것이었습니다. 왜 그렇게 애태우며 살았을까요? 그 모두가 부질없었음을 늙어 발견합니다. 아직도 내 속에서 무서움에 떨며, 참으며, 애쓰는 아이를 따뜻하게 달랩니다. "아가/괜찮아", "그래도 괜찮아".

  이것은 시인의 발견입니다. 그것은 긴 시간을 바쳐 얻어낸 자산입니다. 이 발견으로 그녀는 시를 쓰고, 여행을 합니다. 제주에서도 살아보고, 지금은 강원도 진부에서 자연과 벗하는 삶을 삽니다. 깨달은 대 자유인의 행보가 사뭇 눈부십니다.

  시인의 관심은 대자연과의 동화(同化)에도 이르릅니다.

북태평양 미드웨이

앨버트로스 어미

갓 태어난 새끼에게
연신 먹이를 물어다 준다

그러나
배가 볼록한 채
힘없이 울부짖으며
한 번 날아보지도 못하고
죽어가는 새끼

어미가 열심히 물어다 먹인 건
작은 플라스틱들

- 「앨버트로스」 전문

  우리는 자연에 얼마나 많은 죄를 저지르며 사는 것일까요? 우리가 무심코 버린 쓰레기들이 바다로 들어가 해류에 밀려 태평양에 거대한 섬을 이루었다는 보도도 있었습니다. 플라스틱의 폐해는 이미 널리 강조되고 있습니다. 합성수지로 한 번 만들면 부패되지도 않는 무서운 용기들을 우리는 아무 의식 없이 매일 쓰고 있습니다. 이 시에서는 앨버트로스 어미가 작은 플라스틱 조각들을 먹이인 줄 알고 새끼에게 물어다 먹여 새끼를 죽이는 참혹한 정경을 보여주고 있습니다. 이 과보는 결국 인간에게 되돌아올 것입니다.

물고기가 먹은 플라스틱들이 우리의 식탁에 오르게 되기 때문입니다. 환경 문제가 인류의 초미의 관심사가 되었습니다. 플라스틱 분리수거에 성실하게 임하는 작은 행동 하나가 소중한 참여가 될 것입니다.

네덜란드 동물원의
59세 침팬지 마마
웅크리고 누워 사육사가 주는
물도 음식도 거부하고 눈도 뜨지 않는다
그 소식을 듣고 한 걸음에 달려온 얀 반 후프 교수

마마는
44년 동안 보살펴 준 그를 보더니
입술을 뒤집어 소리 내어 웃고
얼굴을 만지고 또 만지고
이마의 머리칼을 쓸어 올려주고
긴 팔로 목을 꼭 끌어안고 뒷머리를 토닥토닥
고마웠다고
이젠 됐다고

그렇게 긴 작별 인사를 하고
마마는 다음 날 떠났다

— 「침팬지 마마」 전문

인간과 유전자가 99% 닮았다는 침팬지. 유인원 가운데 가장 지능이 높다는 침팬지. 무려 59년을 이 지상에서 산 침팬지 마마가 삶을 마무리하려 하고 있습니다. "웅크리고 누워 사육사가 주는/물도 음식도 거부하고 눈도 뜨지 않"던 침팬지가 자신을 "44년 동안 보살펴 준" 얀 반 후프 교수를 보더니 "입술을 뒤집어 소리 내어 웃고/얼굴을 만지고 또 만지고/이마의 머리칼을 쓸어 올려주고/긴 팔로 목을 꼭 끌어안고 뒷머리를 토닥토닥" "긴 작별 인사를 하고" "다음 날 떠났다"고 합니다. 침팬지의 임종은 우리에게 정(情)의 의미를 새삼 되돌아보게 합니다. 개를 여러 마리 키우던 사람이 신문에 쓴 글입니다. 친하게 지내던 개가 죽자 시름시름하더니 마침내 가출해버리더라는 것입니다. 그 개는 그 집에 더 있어야 할 이유를 잃은 것이겠지요. 정수연 시인은 이런 정의 세계가 인간만이 아니라 동물과 인간에게도 공유되고 있음을 보여줍니다.

정 시인은 요즘 손녀 보는 재미에 푹 빠져 있는 듯합니다.

"할머니,
나 나중에 아빠하고 결혼해서 김도윤 낳을 거야"
"으응? 김도윤은 내가 낳았는데?"
"나도 낳을 거야– 아"

"그래, 그럼 그래라"

"내가 할머니도 낳아줄게"
"정마- 알? 히히히히 고마워"

어미가 돌아오니 쪼르르 달려가서
"엄마, 내가 엄마도 낳아줄게"

훗날
손녀가 낳은
애비, 에미, 할미가 애기가 되고
손녀가 엄마 되어
얼럴럴럴 깍꿍

— 「엉뚱한 생각」 전문

 어쩌면 이런 생각을 할 수 있을까요? 여자 아기와 남자 아기는 발상도 다른가 봅니다. 이 천진무구한 생각에 "손녀가 낳은/애비, 에미, 할미가 애기가 되고/손녀가 엄마 되니" 정 시인은 복도 많으십니다. 시간은 우리가 아는 방향이 아니라 거꾸로도 흐를 수 있는 것이로군요. 그 신비의 세계를 보아낸 어린 눈이 경이롭기만 합니다.
 정 시인의 세상을 보는 눈은 무척 긍정적입니다. 그녀는 긍정의 눈으로 본 세계를 독자들에게 펼쳐 보임으로써 독자들을 유년과 행복의 세계로 인도합니다. 마치 캐나다 화가 모드 루이스가 주변의 모습들을 아름답게 그려내 사람들에게 기쁨을 주었듯이 정 시인이 보여주는 정경들은 읽는 이를 기쁘게 합니다. 그녀인들 한 생애 고통과 풍파가 왜 없었겠습니까? 그러나 세상을 긍정의 눈으로 보는 그 힘이 오늘 그녀를 아름다운 시를 쓰는 시인으로 이끌었다고 봅니다. 앞으로도 그녀의 시를 통해 주변의 사소함이 보여주는 기쁨들을 만날 수 있기를 기원합니다. 그런 사소함은 결코 사소하지 않습니다.

    선재길에서 만난
    별 모양 꽃들

    아기별꽃 꽃마리꽃 풍로초꽃 너도바람꽃
    도라지꽃 때죽나무꽃 기린초꽃 물매화

    숲이 밤하늘 별밭을
    카피한 것이다

-「별밭」전문